SEGUNDA EDICIÓN

BREVE ANIMACIÓN

AGUSTÍN GARCÍA DELGADO

Breve Animación

Autor: Agustín García Delgado

Tercera edición publicada en enero de 2025 por After the Storm

El Paso, Texas, Estados Unidos

La primera edición de esta obra fue publicada en 2005, y la segunda en 2007.

El diseño de la portada fue realizado por Black Point Studio.

Para consultas sobre derechos y permisos, visita:

www.afterthestorm.store

Este libro es parte de la colección *Tiny Books* de After the Storm. El contenido de este libro es original y refleja exclusivamente las opiniones de su autor. Las referencias a otros autores y textos han sido citadas conforme a los estándares académicos vigentes.

ISBN: 9798311300018

Impreso en los Estados Unidos de América.

Prólogo

En las grietas de lo cotidiano, donde la mirada común no se detiene, Agustín García Delgado ha encontrado un universo palpitante. *Breve Animación* no es solo un libro de poesía; es un microscopio que nos obliga a detenernos, a bajar la cabeza hasta el suelo y contemplar, con respeto casi reverencial, el mundo diminuto que ignoramos. Aquí, lo pequeño—una chinche, una lombriz, un ratón—se eleva a la altura de los mitos, se convierte en espejo de nuestras grandezas y miserias.

Estos poemas son criaturas que respiran, que se retuercen entre el lenguaje, que exudan esa vida intensa y a veces insoportable que solo el verso puede contener. Agustín toma lo aparentemente trivial y lo transforma, como un alquimista, en oro simbólico. Leerlo es caminar con los pies descalzos sobre un suelo lleno de secretos: cada paso revela una textura, un movimiento, un destello de algo que estaba siempre ahí, pero que no habíamos aprendido a ver.

El mundo que aquí se despliega no solo nos habla de lo que nos rodea, sino también de lo que llevamos dentro. La chinche que se alimenta de la sangre, la araña que teje su red, el lobo que busca un entendimiento imposible con nuestro afecto: todas estas criaturas son ecos de nuestras propias pulsiones. *Breve Animación* no es solo una exploración externa, es un viaje hacia lo profundo de nuestra humanidad, hacia esa región donde conviven la ternura y el instinto, el amor y el hambre.

Cada poema es una invitación a detenernos en el detalle, a escuchar el susurro del mundo que creíamos inerte. Aquí, la palabra es tanto una herramienta como un refugio, un modo de tocar lo intocable y de comprender lo incomprensible. En un tiempo donde el ruido nos sepulta, estas páginas son un remanso para la contemplación, para regresar al asombro de la vida en sus formas más pequeñas y esenciales.

Ahora, en esta tercera edición, *Breve Animación* reafirma su lugar como una obra atemporal que sigue conectando con las sensibilidades de nuevas generaciones. Han pasado dos décadas desde su primera publicación, pero la vitalidad de sus versos y la profundidad de sus imágenes permanecen intactas, recordándonos que lo esencial nunca envejece.

Agustín García Delgado no nos ofrece respuestas. Nos entrega imágenes, destellos, momentos que atraviesan la piel y se alojan en algún rincón del alma. Nos enfrenta a la verdad de que, en este juego de vivir, somos tanto el cazador como la presa, tanto el parásito como el huésped.

Abrir este libro es entrar en un ecosistema vibrante, donde cada palabra tiene peso, cada imagen es un mundo, y cada pausa, una respiración que nos recuerda lo vivo que estamos. Pase adelante, lector, y deje que estas páginas lo contagien. Aquí encontrará una animación breve, sí, pero tan intensa como el fulgor de una chispa en medio de la oscuridad.

Juan M. Fernández Chico. El Paso, Texas

Índice

Hay, en todo hombre que se precie, una historia de chinches

Inundado en sangre, bajo el colchón,

brillante parásito exuda ingrato aroma.

Recuerdo mi pulgar invertido sobre existencias pletóricas

de vida roja que salpicaban al estallido de su muerte.

Revolvíanse pequeñas bestias alimentadas de mi comezón.

Gordas chinches en los pliegues de Agustín el flaco,

volcánico, acosado, insomne.

1

mi cama guardaba rastros de suciedad y huevecillos,

bultos de fervorosa animación.

Recuerdo: dieciséis veranos

y en su piedad, mi madre,

acudió con guamis de olor apenas soportable.

Sólo entonces, a mí volvió la sangre.

Microfanía

Los insectos de mi casa

truecan diez por cada muerte nacimientos;

insectos son brillantes, ríen

y conmueren mi existencia, tocada por hechizo igual.

Sus infinitas muertes, sucedáneas de la mía,

acompañan el descenso a trazos mínimos:

caídas, más que flujo, repentinas,

instantes antelados del infierno.

Breves criaturas

Sé que mi casa no es mía,

pero los grillos medran y pasean

para dar con la migaja, el refugio y el muro

donde mi rostro indagan

monstruoso en su deífico silencio.

Sé que mi casa no es mía

ni del agua que flota en brisa mínima;

yo floto y me cuelo también

de ventana a ventana

con el vuelo de la mosca, y río

de no tener al mundo mas gozarlo.

Tampoco soy dueño del amor en cuatro paredes

y aún así me aman (como a ellas yo)

las cucarachas que anidan bajo el bóiler

y más bajo, el agua tibia,

nutricia, del desagüe.

Sé que mi casa ni el amor son míos,

y qué importa.

Lombriz

He sentido a la lombriz de tierra

cavar en la tierra de mi mano sin hollarla.

Su vida ansiosa he constatado

en racimos palpitantes;

más de una vez, a una lombriz

cuando el hierro del anzuelo por un extremo hendía,

en igual extremo de mi cuerpo su dolor punzaba.

Roedores

Ratoncitos de los huesos blandos:

Cuánta eficacia del hierro

y cuán dóciles roen la muerte de sí mismos

como en mi alma su blandura de queso

remuerden.

No obstante

los ojos no mueren tan pronto

como salta el resorte de la trampa

y me clavan su pregunta

que afilada carcome:

"¿Por qué, si era un juego de amigos?

¿Por qué, sin eran sólo escondidas?"

Lobo

Él buscaba mi caricia en su lomo.

Con ojos grandes y amarillos pedía su alimento.

Conmigo conoció el hambre,

las peladuras de la esclavitud en el cuello;

conoció cómo era mi amor mudo.

Quise, a través de su mirada abierta,

alcanzar un fondo inteligente

que no sabía devolver mi llamado:

—Perro, amigo, hermano.

Mi perro Lobo, forzando los párpados,

atentas las orejas,

algo comprendía, porque la luz y el polvo,

de pronto

desplegaban un puente de voces sin idioma.

Ladridos, señales

del entendimiento original

de las criaturas.

Venus

La paloma recoge sonrosadas manos junto al vientre

mientras vuela, y hedónica sueña.

Sostenía Venus así del peplo la dorada orla

y recogía en sus manos el calor del Monte al vuelo,

donde se unen las columnas bajo el templo

destino de Amor, su postrero arribo.

Las manos en la puerta del Templo imitan las palomas

de Venus, y su lenta modorra en flotación

y pleno frotamiento.

Felino

Aparezco, del aire mimado, en el cojín del aire,

con miramiento asido por pétalos de luz.

Llevo cautela de minucia felina al gesto

feral en sórdido reposo.

Debaten contemplación y rapto, cuando pasa la hembra,

en los ojos, arco tenso el músculo.

Así, anda mi paso el sigilo

que de fuego traza un aro

en torno a mi deseada, y el cerco ella

no sabe trasponer.

Caballito del diablo

Caballito del diablo de la mano de un dios

que te sueña sin peso

con tus alas de piel de cebolla,

tenue color de suspiro,

nervaduras de luz

alas apenas.

Tu hermana libélula azul

se sostiene en cristal rompedizo

y azul,

mas hilos o manos no vistos

te tienen del cielo, y el aire

por cierto temor de ti oculto,

aunque esplenda de limpio

se anegra.

Este pueblo sabio,

caballo del diablo,

en el nombre del miedo te aprehende.

Tortuga

La tortuga ofrece al Rey Suelo su pecho.

Perdida en un siglo de mudez

y sin amparo, entorna los ojos:

cae en la cuenta de murmullos veteranos,

se desliza y cae

en la conciencia de su andar

sin otra voz que un batir sordo de tierra,

su corazón pequeño de quelonio

a la oración ungido

del planeta.

Bajo el basto accidente de la piel,

pulsación inmemorial.

Meditación de la tortuga con un vals

reptando a ras del suelo.

Víbora

Es la serpiente un músculo solo y una sola masa de poder torcido, como un hombre que hubiese perdido sus miembros e hiciera de su boca manos, de su vientre piernas para sortear la roca y el espino. Indefenso animal, tan grande es tu desgracia, que yo no tengo un verso para tal espanto, sólo digo que toda tu amargura queda en la hiel patente de tus fauces, cual frustración vengativa que nos mata.

Viuda negra

No sabría entramar, tampoco, un poema digno de la telaraña. Ni de la elegancia de tu cuerpo negro-acero; o la parsimonia de tus movimientos, muerte sin prisa que finamente imitas. Me faltaría una voz a la altura exacta de la red con que la vida, cada segundo de sí misma, urde para su reposo. La tela de araña es metáfora imposible que no alcanza ningún verso. Mudo, cual supongo que lo haría un sabio, te entiendo y temo, viuda negra.

Mantis

En tu esbelta crueldad de campamocha se retrata el
hombre, como fuera sin hipocresía: capaz de amor
intenso, ingobernado, también destruye y se alimenta
con despojos de su igual. ¿Cómo sería el hombre sin
sus máscaras? Mejor: un diáfano malvado, como la
mantis religiosa. En el acto de comer y el de matar
culminaría, en dos sentidos, la fiesta del amor. Para esto
tampoco encuentro musa que me acepte guiar, y digo
sólo cuanto baste para mostrar cuánto me callo.

Luna

Apenas clarea y saludo a la luna en el poniente, mejilla enferma que se apoya en las montañas. El sol es una pestaña roja en la baranda opuesta, sin ganas todavía para asomarse. Nunca la luna me ha parecido un plato de cerámica como en este día. Tengo antojo de probar tino con mi rifle y apunto mi 22: ¡Pum!, al centro del disco. Astillas de azogue por millares diluvian en la sierra, agujas de hielo se funden para rodar montes abajo; el torrente llega hasta las calles, inunda la plaza.

Minutos más tarde, mi ciudad amanecida es una gran laguna de plata.

Breve navegación en pie quebrado

La palabra deja estelas

en el viento dibujadas,

y quien esta magia sabe

se desliza

devanando una canción;

porque el alma es un acuario

para ir pausas remando,

pues no hay prisa.

La mirada sigue cauces

de colores cuando pasas

y tu ropa suelta ondea

cual bandera

que se ostenta, vanidosa,

porque tu cuerpo presume

tela que sutil transluce

su promesa.

A su paso deja esencias

de canela, fruta, flores,

la mujer, que más que flama

es aroma

pues la vida es un brasero

donde se quema el amor

y sólo queda el perfume

de la rosa.

Limen

He cruzado el umbral

que espantó al divino Dante;

conduzco sin peso la barcuela

donde, hoy, duerme el piloto de la muerte.

"Cuánta maravilla en los extremos

de este breve despertar", me dice,

catártica, una sombra que sola me acompaña.

"Cuánta maravilla la conciencia

del extremo que es morir mientras sonríes",

yo respondo.

Ambos, bogante y ánima en su fin,

laudábamos la historia incandescente

que va de un lecho a otro igual:

sepulcro dulce y útero materno,

puertos limítrofes de toda luz

donde el bien y el mal se abrigan.

Recontábamos el último minuto,

felices cuan feliz Carón dormía,

el otro muerto y yo.

¿Cómo alargar este momento

a dos golpes de pala, como estamos,

de la orilla?, dijimos a la vez.

¿Cómo adormecer también al tiempo,

volverlo traslúcido remanso?

"Sosiega", me dijo la otra sombra.

"Aquietado el remo,

suspende en un instante la memoria".

Espejo

Vertical estanque insólito en el muro

no relata el cielo con sus nubes,

no imita dulce fronda.

Esta agua dura sin ondulaciones

refleja un más ínfimo descenso

que la muerte:

caída en hombre de la fiera,

furia sin valor ni sangrantes colmillos

como antes que este hombre deviniese

animal vencido,

ciudadano.

Iazgo

Bocarriba bebo luz que gotea: las estrellas;

el pasto a mis mejillas irrita y los

insectos sitian orificios faciales por

mostrar su valor constante más allá de los astros,

mas yo busco dónde conecta el cosmos con

mi cuerpo desasido;

boquiabierto bebo quásares y novas

y simples lunas pero

pasan aves que, si acaso no ponen pies en tierra, sí

se ocupan de nutrir el suelo

y mi alma sigue bebiendo luz,

abierta a los detritos de alto nacimiento

perturbada sin embargo

por la hormiga que muerde la oreja de mi alma,

la libélula que explora la nariz de mi alma

y la falena cuyas alas golpean

la luz originada en los ojos de mi alma.

Desciendo, pues,

traído por la fuerza de mínimos

bichos, desde incógnita altura,

donde uno se siente parte de tanta grandeza y...

puede más un mosquito empecinado que la

lenta hechicería de dos mil estrellas: ahora

converso con mis iguales aunque no en armonía,

no en éxtasis trascendental,

entomófilo, sino

con el más mundano enfado, pero

esto sí es amor, contacto,

y los perdono.

Ocio

Mece la tierra el sueño de los viejos,

vale decir: se acuna el tiempo

en estructuras que reposan.

Aguardan el final sesteo

pues labrado queda el campo,

los muros con pintura nueva,

la comida humeante

y dispersos, ya por fin, los hijos

que construyen techos de ciudades,

abren los íntimos corredores de sí mismos

para descubrir la vida, cuyo asiento

y cimiento primordial

se llama ocio.

Nociones

Hay nociones del mundo, sí, que el hombre aprehende

luidas en el tiempo y la distancia.

Hay nociones de Dios también, en fin,

esparcidas entre la torpeza humana.

No atendemos de la flor su nervadura,

su rumor de savia,

sino el aroma cuya causa

nadie indaga.

Hay una idea de la muerte más amable que se inclina

como cumbre de la vida fatigosa

y nadie quiere verla.

Llora la muerte el hombre porque está cerrado,

desde siglos,

su órgano de ver sensiblemente.

Llora la muerte

pues la vida, para él, es invisible.

Panteón

Déjame decirte que si siembras en la tierra

un signo erecto dará fe de tu semilla;

así el hombre, cuando yazga en perforado suelo,

tendrá su ara, cruz o mausoleo

que dirán el precio pagado por el mundo

para los goces de ese hombre.

O tendrá memoria y ardientes corazones todavía,

tras el paso demorado de los años,

que lo nombren como dulce resonancia / de sus actos
buenos.

Enfermedad

Mísero estado del enfermo inmóvil

que no puede andar sin ser vencido

por su propia hechura vulnerable,

el dolor metido en sus junturas.

Su lucidez, bruma es hoy discorde.

Lejos del mundo, arrinconado,

el enfermo aprende a odiar su lecho,

a despreciar el trato con desgano

que le brindan parientes saludables.

Si sólo la esperanza de algún fin

cercano consolara su dolencia.

Pero no: tenaces, duraderos pueden ser los males,

la paciencia, una fuente desecándose.

Y el vigor decae

como sol evanescente del invierno.

Loco

¿Quién es ese que, al centro de la calle,

se ha puesto a interrogar al sol?

Profesa, la figura de su espalda,

una fe de la quietud.

¿Acaso ambiciona discernir la caída de la luz

y entender cómo la tarde

prolonga los contornos de su dilación,

de la inefable espera?

¿Quién es, que se apropia de la angustia de esta vía,

sendero de cualidad pasiva o trágica,

y la difunde en sombras que se alargan

hasta ser perturbación raigosa,

silencio vegetal?

¿Le contenta sembrar el espanto de su cuerpo,

fundar el nacimiento de todas las penumbras?

Quizá es un loco en su máscara de roca

y practica una misión más propia de montaña:

asumirse cobijo y misterio de la tierra,

escudo contra cierta hora de embriaguez solar

para los pueblos de su espalda.

En fin, iluminado que da sombra.

Vino y amor

Oh, vino indecente

con el licor y todos los alcoholes, cuánto dañas

al cuerpo, y el ánimo cuánto beneficias.

El amor se te parece:

es dulce el beso a la botella y a la boca

del vaso y a las bocas todas

que son la piel de una mujer.

Aguardientes nacidos de la tierra,

alcoholes terrosos y frutosos:

metonimia sois de todos nuestros vicios.

Como es el amor, cuya embriaguez nos nulifica;

y es, exceso de amor, morir en vida

o morir entera y llanamente.

¿Por qué será que afecto le guardamos

si el gusto nos amarga el vino?

Quizá porque, contra el amor,

nos da alegrías y miserias

sabidas previamente, sin engaño,

y de amor no sabemos nada nunca.

Quizá porque el amor nos trata con desdén

o se nos va, o se queda sin aviso,

pero el vino siempre ha de llevarnos

bien seguro a donde no hay regreso

y a sabiendas vamos ebrios y con gusto

al cobijo materno de la tierra.

Aunque el amor es accidente y contingencia

y el vino es amargo, nebuloso,

yo no quiero que falten uno ni otro:

quiero vino y amor,

beber y amar

hasta que estalle.

Antro

Violeta neón

y sombra en la boca del abismo;

luz negra pero luz al fin,

y risa corre en algodones,

apagadamente.

Embotado el pecho se calienta

de violeta lumbre

y los cuerpos huelen de las hembras

a sudor, perfumes, humo,

a lo bajo que se esconde.

Los varones

nacen a la humedad con ceño endurecido

para hundirse en ese denso aroma.

Luciérnagas de fuego y bruma

señalan la ilusión de un seno

cálido, nuboso.

Vaho muriente en el arcón

de negros corazones vive.

Beben —duro el rostro—

zumo infraterreno que se eleva

del amor hasta la muerte.

Showgirl

Bailarina,

esta ciudad está podrida siempre

y aún en los cálidos lechos duerme gente blanda,

corazones de espuma.

Tu piel, en cambio, es como un paisaje de ciudad:

dulce superficie toda luz

y abajo el dolor todo.

La ciudad se pudre, bailarina,

desde siempre, hasta las cloacas,

pero en ti el amor brota cada noche

por encima de nuestros ojos desvelados,

encima de los ebrios, el sopor y el humo.

Bailas, la música te incendia en ritmo

frenético de ondulaciones, así

te vas dejando amar en la mansión del sueño.

Entonces la ciudad se pudre más

para dejarte sola y pura,

redimiendo con tu baile

la hiel de nuestras bocas.

Libresco amor

Déjame besar la página en blanco de

tu pecho moreno,

antes de amanecer el deseo y después

también, renovada la tinta de mis labios;

no he de poner punto y aparte si tus

ojos niegan con caligrafías de violencia, pues

mis hermanos son la helada noche y

el sol de las dunas

en una historia de caballos y ancestrales armas;

tu futuro y mi presente están poblados de escribanos

besos,

incunable amor se leerá sobre el amate

de tu cuerpo tornadizo como página de un libro

a la que vuelvo, una y otra vez,

de inolvidable prosa.

Cuca

I

Me culpo sólo por el agua, el alimento.

Es tu noche, te dije, sólo otra noche

que se agranda en el fondo de las horas.

De mi infancia llegas a tu muerte qué pronto

como sombra misma

que me hubiste entre tu seno, el delantal

y la morada de la paz abuela,

de tu abuela paz.

Me alimento en la hora de tu párpado,

bebo en la hora de tu sed

cuando debiera descender un precipicio como rito,

por lo menos, como duelo.

Cuando debiera doblar el cuello y perdonarme

por tu lecho ya sin humo,

ya sin faros, abuela,

ya sin pan.

Este rito debe darnos en la frente

cual perdón definitivo

por la paz de tus harapos ya por fin.

El perdón, toda la herencia de tus manos.

Repetíase mi infancia en tu cigarro dulce

cada vez que yo, ladrón de abuela cómplice,

calaba a escondidas tu farito.

Era el primo ensayo hacia la muerte

a mis diez años, y callabas

porque así vamos cayendo en el silencio

y no se hunde nadie a solas en la tierra,

todos vamos.

II

Nos doy perdón ahora, pues no falta el pan

y es por gracia de los padrenuestros.

Es que tu rosario no alcanzaba a Dios,

nadie lo alcanza,

pero sí a nosotros bendecía

y cada fruto de tus manos

alimentaba las fortunas,

las cordiales avenencias con la vida.

Tu rosario nos rociaba tan amable

que nos llovió en la tarde de tu entierro,

desde un aliento de hojas de maíz y de tabaco,

los avemarías

y los benditos frutos.

Nos lloviste con el tímido mandato

de un matriarcado sin palabras, con los ojos duros

del tiempo de la sed,

con sombras del tiempo de la guerra.

III

Llévate por Dios todos los faros

de tabaquería.

No dejes esta soga que se pudre de la sangre.

Nadie más retuerza cuellos de gallina

y tu pan de horno nadie más cocine.

Muros que albergan sólo a tu fantasma,

el ser intermitente de una silla

nos legas, siempretibias alpargatas.

Es la era de consumaciones:

amanecer de un dormitar inmenso

que se llamaba vida.

Ya voy limpiando mis pestañas

y el quinqué se pierde, se me esfuma:

otro sueño.

María

I

Maravilla cómo con escoba renueva María los colores de la casa.

Rompe en los rincones la seda sutil urdida por el tiempo.

En favor de las arañas y otros bichos no alcanza lo imposible:

la fisura olvida y perdona recóndito nidal.

"Gracias", dicen a salvo las hormigas mareadas por el aroma a detergente.

A salvo casi la falena tropieza en los destellos de lo limpio,

en el cristal de las ventanas y el relumbre de vajillas,

como en los ojos de María, en su luz, tropiezo yo.

II

La mañana nace con arrugas de almohada en las mejillas,

pero María, para entonces, le está poniendo liso el rostro,

plancha, silbando para el día niño, y su canción disipa la modorra.

Por María la luz viene tan limpia,

perfumada y cantarina llega en sus manos.

III

El día amanece legañoso

pero María disipa las nubes

y todos los cuartos, en la casa del sol,

son por ella esclarecidos, uno a uno.

IV

Despierta con sueño el hogar y muy seria la mirada,

pero María tiene una sonrisa para darle.

Tiene, para matarle la pereza, herramientas finas:

un repertorio silbado de canciones,

un torbellino de plumeros y un ritmo en las caderas

que pauta su giro de sandalias.

Un andar, pues, como danzón que atropella mi sosiego.

AGUSTÍN GARCÍA DELGADO

V

Levántame la casa y la esperanza, María,

que suba el futuro en los vapores de tus ollas,

se instale un rayo de sol desde tus hombros y, precoz,

perturbe mi alcoba y mis tranquilos despertares.

A nos llegue la revuelta de tu gremio que se encumbra,

a mí lleguen las cumbres altivas que de ti, de tu silueta,

de tu espiga,

provocan yemas y renuevos en mi otoño.

VI

Tengo parientas barredoras y jocosas, Mariquita,

tengo escoba y torbellinos de la higiene por mi casa,

pero tú sola me barres y cambias de lugar el suelo.

VII

Salgo a decir el pregón de tu resorte de cintura,

salgo de ti, no vaya a ser el diablo.

Salgo a por el pan y a respirar el fresco olvido,

a beber matinales pócimas, mis ojos, que te borren.

Me voy porque ya me amaneciste, obrera de la luz.

Para la vida tengo tiempo porque tú, a trapo y contoneo,

llenas de orden mis habitaciones

y entonces para mí no hay sitio.

VIII

Quién desabotona las estrellas de tu noche, mujer?

Imagino a un ejemplar hermoso de la hombría,

áspero de manos, suave de voz junto a tu seno.

Puede él blandir poderoso la herramienta de cualquier oficio

y sin duda cantará mientras convierte la materia en objetos habitables:

barcos, edificios, camas de la lujuria elemental.

Con sus manos recrea tu figura, María, por eso perteneces tanto a él

aunque a mí también un poco, que apenas te alcanzan mis versos de ave pasajera,

bordo delgadas ramas de tinta en un cuaderno, nada más,

sin que lo sepan tus orejas de rosa y caracol.

Pero más perteneces a ti misma, con la fuerza de tu baile.

IX

Qué grande el amor se da en tus labios!

Ahí la pasión florece un rato,

otro día brotan las palabras que consuelan a una amiga

y en la tarde das tu amor a un hijo entero.

Cuántos amores germinan en tu sola boca, María:

crece ardiente la plegaria en tu murmullo

como incendia de tu amante la piel beso tras beso.

Y tu adiós me apaga a mí, con todo y sueños.

Secretas flores

I

Generosa la mano que despide en infinito.

Tu mano, cuyo trazo era:

"El instante nace ahora para todos",

y bajaba tu mano en abanico y nunca más,

pues hay una palabra sola sobre un lecho

con fundamento en la ceniza y en el fuego.

Voz gestual, fundacional, que sigo.

"Aquí está el punto de partida, aquí comienza,

ya se fija como hierro en punta".

De tal filo soy la herida.

II

¿A dónde irás de noche y sin la manta?

Quédate siquiera en esta orilla

de la cama y a veces la santa paz del sueño,

bajo míseras gotas de palabras y morfina

(pobre luz en frascos de farmacia, diluida en éter).

Quédate siquiera

junto a estos médicos aromas,

que descanse entre sondas y jeringas

tu santa, dolorida paz.

III

—La sustancia que lucha con mi muerte duele más

que cada minuto de la espera.

Mi parte de guerra pide tregua:

para qué mutilada me doy en los brazos hermanos,

para qué, victorioso mi resto, se afana.

Me ha llevado el intruso lo más yo,

membranas y pulsantes venas;

mi seno, mi descanso he perdido.

No me doy a mi madre y sus brazos

pues desmayo de hija no tengo,

sólo corrosión y espanto y las flores,

tan antes de tiempo, las flores.

IV

—Adivino, querida, tus secretas flores,

sé cómo tu piel privilegian,

tu costado florecen

y ascienden como en muro madreselvas,

hacia tu alma cómo ascienden,

Psicófagas, violáceas.

Cuando alcancen tu cuello me verán los ojos

y, marchitas bajo el sol de mi rencor,

se irán, con tu vida, ya bien muertas.

V

Era el vínculo del nombre

la humedad que ligaba tus arenas.

La saliva de Cristo encima de tus párpados

también secó; se marchitaron

tus niños posibles, de artesanos dedos.

Tus niños morenos, a qué región se fueron,

a dónde se esparcieron como arena,

tus posibles.

VI

Nos reúne la astilla elegida entre tus huesos,

perfora mi aliento y puebla el suelo de mi senda,

la astilla de tus huesos que nos queda.

Nos reúne tu partícula, y cada uno

como puede, hermana, te repite,

como puede, alarga el abanico de su mano

y se despide, en la noche ritual,

contando nuestros rostros cuantos quedan.

Desde entonces, sí, contamos el instante

por matrimonio, nacimiento y cremación

que nos alcanzan, y te sabemos,

bien sabemos en el techo tu mirada abierta.

Acerca del autor

Agustín García Delgado

Agustín García Delgado, nacido el 23 de agosto de 1958 en Jiménez, Chihuahua, ha desempeñado diversos empleos a lo largo de su vida, incluyendo carpintero durante veinte años, periodista por un año, y corrector editorial desde finales del siglo XX. Con estudios en Literatura y Filosofía, su actividad literaria abarca ensayo, poesía, narrativa y traducciones ocasionales. También es aficionado a la guitarra y considera a su familia como el mayor tesoro que la vida le ha otorgado, aspirando a donar a la humanidad sus mejores poemas y una actitud positiva hacia los demás. Reflexiona que la naturaleza sana y libre de contaminación es la clave para salvar el mundo.

Es licenciado en Literatura Hispanomexicana y maestro en Cultura e Investigación Literaria por la Universidad Autónoma de Ciudad Juárez. Además, ha participado en talleres y cursos sobre haiku, poesía, teatro y narrativa con autores de prestigio nacional e internacional. Entre sus publicaciones destacan los poemarios *Yo es solamente un hombre que se aleja* (1994), *Breve animación* (2005, reedición en 2007), *Brizna de sílice y luz* (2012) y *Mantralaico* (2015). También ha colaborado en antologías como *Entrelíneas* (1997), *Manufractura de sueños* (2012), *Cancionero de la pandemia* (2021), y en los cuentarios *Rosa Venus* y *Elocuencia del yantar* (2024). Su ensayo *Dandismo y asesinato en la novela Ensayo de un crimen* fue publicado en 2011, mientras que su más reciente participación es en *En las tierras de Manto Negro. Crónicas de Ciudad Juárez* (2021).

Entre sus reconocimientos destacan la mención honorífica en el Premio Chihuahua de Literatura (1992), el Concurso Binacional Fronterizo de Poesía Pellicer-Frost (1996), y ser becario del Programa de Estímulos a la Creación y al Desarrollo Artístico "David Alfaro Siqueiros" en 1997. Ganó el Certamen "Letras en la Frontera" en 2017 con el poemario inédito *Álbum*, y en 2022 fue galardonado en el certamen "Voces al Sol" con el libro *Dos infancias*, próximo a publicarse.

Recientemente, en noviembre de 2023, recibió un reconocimiento del Centro Cívico S-Mart por su contribución a la vida cultural de la frontera. En marzo de 2024, participó en la celebración del Día Mundial de la Poesía en el Teatro Experimental Octavio Trías, junto a otros poetas de la región.

Tiny Books Collection: Grandes Historias en Pequeños Formatos

Tiny Books Collection de After the Storm celebra obras breves e inéditas, diseñadas para cautivar en un formato conciso.

Explora la colección y participa con tu obra en www.afterthestorm.store

After the Storm

Es un proyecto editorial independiente que conecta

México y Estados Unidos, y que busca destacar

las voces de escritores y escritoras de la región,

construyendo un catálogo que combine calidad

literaria y relevancia social, posicionándose como una

de las mejores editoriales independientes de la frontera

www.afterthestorm.store

Made in the USA
Coppell, TX
30 May 2025

50089014R00049